Le fantôme

Auteurs

Hélène Heffner et Giulia Levallois

Professeurs des écoles

Illustratrice

Cécilia Stenmark

Dès 5 ans !
Idéal pour les enfants qui débutent l'apprentissage de la lecture.

Direction de la publication : Carine Girac-Marinier
Édition : Nadine Martrès
Lecture-correction : Élisabeth Le Saux
Direction artistique : Uli Meindl
Fabrication : Marlène Delbeken

ISBN : 978-2-03-597510-2

Images de la page 5 : © Adobestock.com

Achevé d'imprimer chez Rotolito Romania en Roumanie
Dépôt légal : juin 2019 – 323620/02
N° de projet : 11045219 – août 2020

Les personnages de l'histoire

Les **Loulous** sont des petits animaux attachants qui accompagnent le jeune lecteur en lui faisant découvrir le plaisir de la lecture autonome !

Conseils aux parents

• Avant la lecture

– Invitez votre enfant à regarder l'illustration de la couverture : il peut la décrire et nommer les personnages qu'il reconnaît.

– Montrez-lui la page ci-contre afin de lui faire découvrir les mots les plus difficiles de l'histoire.

• Pendant la lecture

– Encouragez votre enfant à lire seul le texte à voix haute au début. La lecture orale l'aidera à mieux comprendre ce qu'il lit.

– Conseillez-lui de suivre le texte avec son doigt lors de la lecture.

– N'hésitez pas à le laisser prendre du temps pour regarder les illustrations. Ces dernières soutiennent la compréhension du texte et permettent d'acquérir un sentiment de réussite.

• Après la lecture

– Entamez ensemble une discussion autour du livre sur le lieu, l'histoire, les personnages…

– Et n'oubliez pas, la lecture doit avant tout rester un plaisir !

Les mots de l'histoire

• Le vocabulaire

une **salle de danse**

un **ruban**

un **tutu**

affolé

trembler

un **tissu**

• Les mots outils

c'est	dans	des	d'un	en	elle	les
plus	qui	ses	sous	tous	très	trop

Tous les vendredis,

Molly se rend

à la salle de danse.

Dans le sac de Molly,

il y a

un ruban

qui dépasse.

En arrivant, Molly

enlève ses vêtements.

Elle a mis le sac

et le ruban

sous le banc.

Elle a sorti

le joli tutu.

Pic est déjà arrivé.

Il a mis de la musique

très fort !

Pic répète

une danse.

Il tourne vite sur

lui-même.

Super !

Molly entre dans

la salle en levant

le ruban blanc.

Molly danse

avec Pic.

En avant

la musique !

Vive la danse !

Tout d'un coup,

Pic et Molly entendent

du bruit.

Clac ! Clac ! Clac !

Ils écoutent

attentivement.

Molly est affolée.

Pic regarde partout dans la salle.

Le bruit s'est arrêté !

Qui est là ?

Ouf ! Pic a trouvé.

C'est le vent qui

a poussé la fenêtre.

Oh ! là ! là !

La lampe

s'est cassée

en deux !

Zut !

Il n'y a plus

trop de lumière

dans la salle.

Molly ne trouve

plus le ruban.

Où est
le ruban ?

Oh ! Le bruit

reprend : Clac !

Clac ! Clac !

Molly a vu

une drôle

de forme près

de la porte.

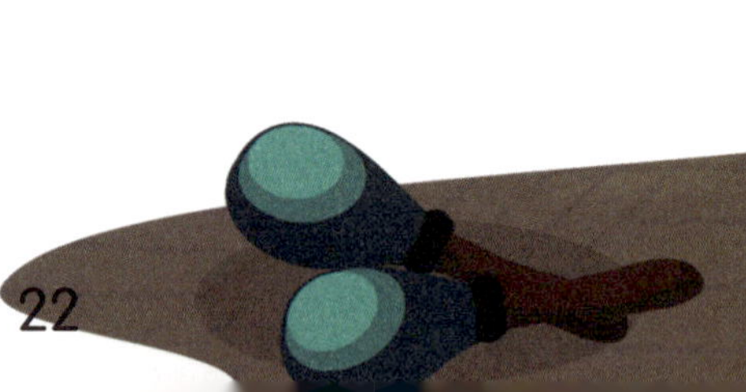

Là, il y a
une forme !

Pic et Molly

entendent : « Ouh !

Ouh ! Je suis

le fantôme !

Le fantôôôme ! »

C'est la panique !

Pic tremble et Molly

claque des dents !

Ouh !
Ouh !

Molly et Pic

courent vite.

Arrivée à la porte,

Molly a une idée :

« Avec le ruban,

j'entoure

le fantôme ! »

Pic passe derrière le fantôme avec le ruban.

Molly tire fort dessus.

Le fantôme est attrapé !

Il y a une patte sous le tissu ! Molly et Pic le soulèvent. Sacré Filou, c'est un drôle de fantôme !

Filou joue de la flûte,

Molly tape sur

un tambour et les amis

dansent tous ensemble !